莫高窟,俗称"千佛洞"。始建于前秦,历时千年。莫高窟是世界上现存规模最大、连续修建时间最长、内容最丰富的佛教石窟群。1987年,联合国教科文组织将其列入《世界遗产名录》。

风景名片

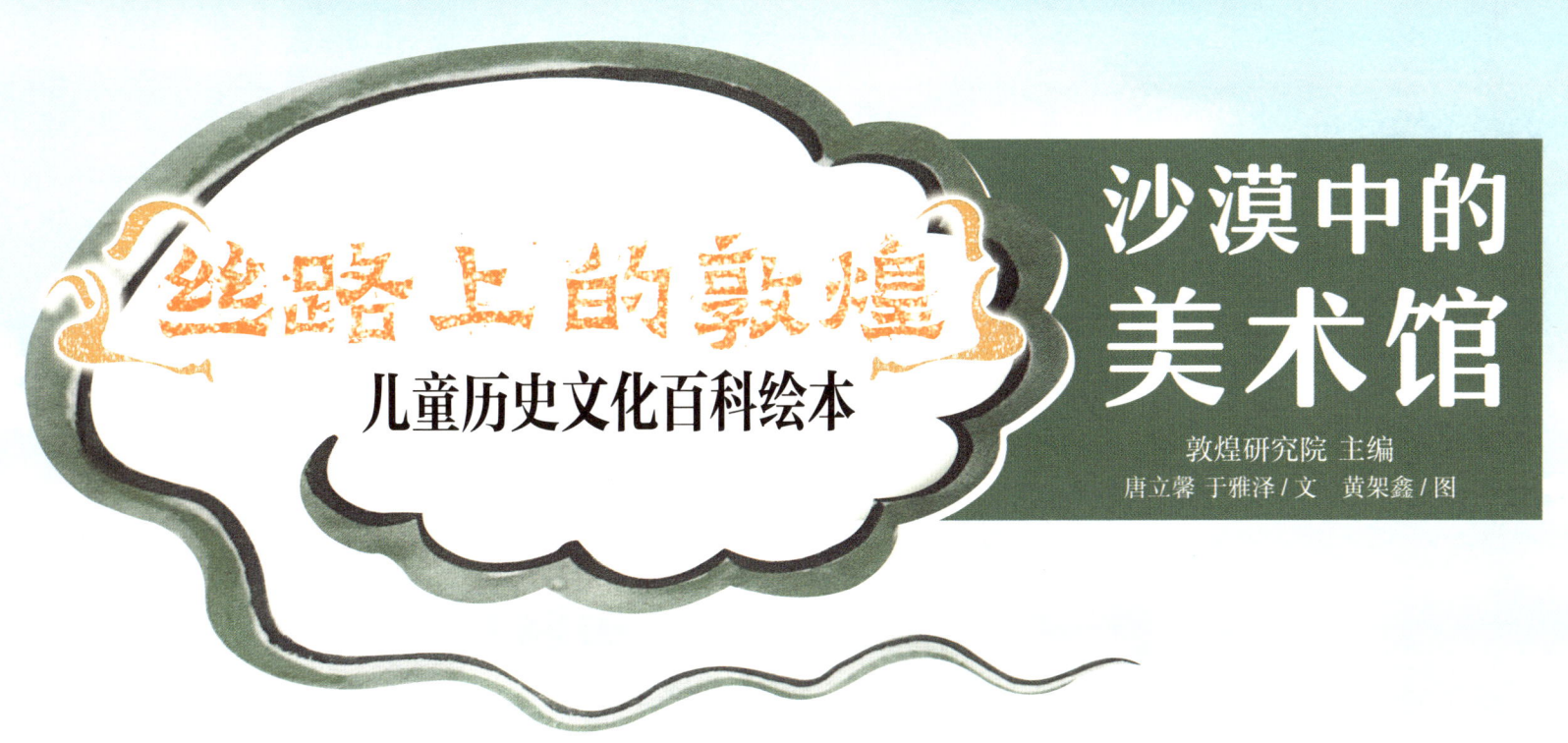

丝路上的敦煌

沙漠中的美术馆

儿童历史文化百科绘本

敦煌研究院 主编
唐立馨 于雅泽/文 黄架鑫/图

童趣出版有限公司编　人民邮电出版社出版
北京

图书在版编目（CIP）数据

沙漠中的美术馆 / 敦煌研究院主编；唐立馨，于雅泽文；黄架鑫图；童趣出版有限公司编. -- 北京：人民邮电出版社，2021.10
（丝路上的敦煌：儿童历史文化百科绘本）
ISBN 978-7-115-57382-7

Ⅰ. ①沙… Ⅱ. ①敦… ②唐… ③于… ④黄… ⑤童… Ⅲ. ①敦煌壁画—儿童读物 Ⅳ. ①K879.41-49

中国版本图书馆CIP数据核字(2021)第190614号

责任编辑：	齐　迹
执行编辑：	赵晓娜
责任印制：	邵　超
美术编辑：	董　雪

编	：童趣出版有限公司
出　　版	：人民邮电出版社
地　　址	：北京市丰台区成寿寺路11号邮电出版大厦（100164）
网　　址	：www.childrenfun.com.cn

读者热线：010 - 81054177
经销电话：010 - 81054120

印　　刷	：北京利丰雅高长城印刷有限公司
开　　本	：787×1092　1/12
印　　张	：3.6
字　　数	：80千
版　　次	：2021年10月第1版　2024年9月第10次印刷
书　　号	：ISBN 978-7-115-57382-7
定　　价	：48.00元

版权所有，侵权必究。如发现质量问题，请直接联系读者服务部：010-81054177。

编委会

主　任：赵声良

副主任：张元林　张　焱　郭美荐

编　委：范　泉　杨　林　迟耀萍　周　娟

出版委员会

主　任：李　文

副主任：马　嘉　史　妍　刘玉一

委　员：齐　迹　赵　倩　张　琪　宋　菲　刘奕晨　李　瑶
　　　　王　莹　张　芳　赵玉花　王垂泽　崔晓颀　李欣昱

鸣　谢

中国青少年发展基金会梅赛德斯-奔驰星愿基金

中国敦煌石窟保护研究基金会

图像资料提供

敦煌研究院

前　言

敦煌，位于我国甘肃省西部。历史上的敦煌曾经是丝绸之路上的交通要道，是连接东西方交通、贸易的重要枢纽。不同的文明在这里碰撞交流，促成了敦煌的繁荣，造就了魅力四射的敦煌文化。

敦煌石窟是世界上现存规模最大、延续时间最长、内容最丰富、保存最完整的佛教文化艺术宝库，被誉为"沙漠中的美术馆"，是中华民族优秀传统文化的典范，也是全人类珍贵的文化遗产。

为了让敦煌文化植根于少年儿童心中，帮助更多儿童了解敦煌、亲近敦煌、走进敦煌，感受敦煌文化的灿烂和中华文明的伟大，敦煌研究院与童趣出版有限公司携手，为广大儿童量身打造这套"丝路上的敦煌：儿童历史文化百科绘本"，意在使敦煌的故事娓娓动听，让文明的智慧熠熠生辉。

在这套绘本中，小读者将遇到一位小朋友——敦敦。小读者不仅可以和敦敦一起"走进"壁画向九色鹿"问好"、"做客"古代敦煌人家、与丝绸之路上的商人"聊天"，还可以"遇到"许多赫赫有名的敦煌人物，与他们一起，开启一次美丽神奇、妙趣横生的穿越之旅！

本套绘本共4册，分别从敦煌历史、敦煌艺术、敦煌生活、敦煌与丝绸之路4个角度，为小读者打开一扇敦煌文化之窗。这套精美的绘本，将为小读者们呈现100多幅敦煌石窟壁画原图，包含了敦煌莫高窟、榆林窟和东千佛洞的大大小小共54个洞窟中的壁画。图中全部标注了壁画所在的石窟编号，便于小读者到敦煌参观时按图索骥，演绎属于自己的敦煌故事。为配合故事情节，本套图书还设有"壁画小知识""历史小知识""冷知识"等栏目，以增强知识性和趣味性。希望这套图书不仅能够让小读者学习、了解敦煌文化，而且能让小读者们懂得，敦煌文化是中华优秀传统文化的代表，守护敦煌、弘扬"莫高精神"，是值得一代又一代人为之努力和奋斗的事业。

最后，衷心感谢中国青少年发展基金会梅赛德斯-奔驰星愿基金和中国敦煌石窟保护研究基金会对"丝路上的敦煌：儿童历史文化百科绘本"出版项目的大力资助，感谢文字撰写者和插画师的妙笔生花，感谢童趣出版有限公司的支持与出版。

愿今天的儿童成长为明天的敦煌文化守护者，成长为中华优秀传统文化的继承者和传播者。

敦煌研究院 党委书记

赵声良

敦敦跟随着爸爸妈妈,以及其他游客,在讲解员的带领下,走进了莫高窟的一个洞窟里。"欢迎来到莫高窟第407窟……"讲解员打开手中的手电筒,照着壁画热情地为大家讲解起来。

这时,敦敦看到了一只奇怪的小兔子,它的全身微微泛着光,头上好像只长了一只耳朵!小兔子在漆黑的洞窟里一蹦一跳地走远了。敦敦的注意力完全被小兔子吸引了,他不知不觉地跟着小兔子向角落走去。

没想到,神奇的事情发生了!敦敦竟然跟着小兔子穿过了墙壁上的一个小洞!

冷知识　壁画怕"光"吗？

在参观莫高窟的时候，洞窟里是没有电灯等照明设备的。游客主要依靠讲解员手中的手电筒的光亮来欣赏壁画。这是因为长时间、高强度的光照可能提高洞窟内的温度。温度和湿度的变化都可能加快颜料颗粒溶解，从而导致壁画褪色。所以为了保护壁画，洞窟里没有安装灯具。

壁画小知识　给壁画"打地基"

制作壁画的墙壁，古代称之为"画壁"。敦煌莫高窟开凿在由大泉河自然冲刷形成的鸣沙山断崖上，地质上属于酒泉系砾岩层。这种地层粗糙疏松，岩壁极不平整，是不能直接在上面绘制壁画的，要先在开凿好的洞窟墙面上制作多层材料不同的泥层，俗称"地仗层"。

制作地仗层的步骤

1. 制作草泥层，也称"粗泥层"。用黏土和麦秸调和成麦秸泥，将高低不平的墙面抹平。

2. 刷细泥层。细泥是用莫高窟附近党河河床上的泥土掺加麻或棉絮调制而成的。将细泥层抹平压实后，画壁就变得平整光滑了。

3. 涂刷白粉层。在细泥层上再涂刷一层非常薄的由高岭土、石灰或石膏制作而成的白粉层，地仗层就做好了！可以开始画画了。

缤纷艳丽的色彩

"这里是……壁画？"敦敦发现自己竟然穿越到了壁画里！他激动极了！好想告诉爸爸妈妈呀！可是要怎么回去呢？还得跟着小兔子才行。敦敦一边想，一边追着小兔子向前走。他的眼前不停闪现着各种各样的壁画：有翱翔的神鸟、有踏云而来的飞马，还有正在弯弓搭箭狩猎的猎人……敦敦被眼前绚丽多彩的颜色吸引了，这些蓝色、红色、绿色……就像刚画完的一样光彩夺目。敦敦心里不禁赞叹：壁画的颜色真好看呀！

榆 10 窟

莫 249 窟

莫285窟

壁画小知识　玩一玩最早的"涂色游戏"

很多壁画都是由画匠师傅带领徒弟们一起创作完成的。师傅起样定稿后，会用符号把要涂的颜色标注在画壁上。这些符号被称为"布色符号"，是敦煌壁画中特有的标色方法，如"工"代表红色，"卄"代表黄色，"圭"代表青色，"ヨ"代表绿色。你发现了吗？这些符号都是颜色名称汉字的一部分。根据下面这些布色符号，你也来涂涂看吧！

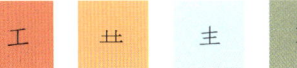

壁画小知识　先打草稿再作画

古人在作画的时候，一般会参照事先画好的画稿或草图，这些被称为"粉本"。壁画工匠们也参照粉本画壁画。他们先在纸上画出线稿，并沿墨线打出微小孔洞。然后，将线稿也就是粉本置于要绘制的墙壁表面，将装有色粉的粉袋不断扑压在孔洞上。色粉穿过孔洞，在墙面上留下痕迹。此时再用墨线将其勾画连接，就呈现出了完整的图案。

  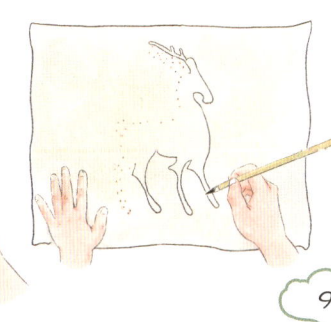

变变变，小字脸

　　转瞬间，敦敦来到了一群巨大的"人像"前面。敦敦发现，这些人像的脸部都黑黑的，肚子圆圆的。"好黑呀！"敦敦忍不住小声说。"哈哈哈！"旁边的一个人像笑了起来，"小朋友，我们最开始可不是这样的。我们是经过上千年的时间，颜料氧化褪色后才变黑的。"敦敦不好意思地挠了挠头，问："所有的颜色都会变黑吗？""不是的，颜料的成分不同，颜料保持的时间也不一样呀！"巨大的黑色人像笑着回答。

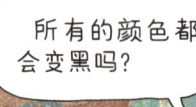
莫431窟

所有的颜色都会变黑吗？

10

壁画小知识 "小字脸"诞生记

在早期的莫高窟壁画中,画匠使用了一种来自西域的凹凸法来画人物。他们先用铅丹颜料调和成浅肉色敷染壁画上的人体肌肤,再用层层加深的肉红色沿肌肤边缘、眼球、鼻翼等凹陷处叠绘两三次,最后在眼球、鼻梁等高隆部位加绘白色表现高光。这样画出来的人物远远看上去就好像立体的一样。但是时间长了,铅丹颜料慢慢氧化变成褐色或黑色,只留下了眼球和鼻梁处的白色,看起来就像是在脸上写了一个"小"字。

> 小朋友,我们最开始可不是这样的。我们是经过上千年的时间,颜料氧化褪色后才变黑的。

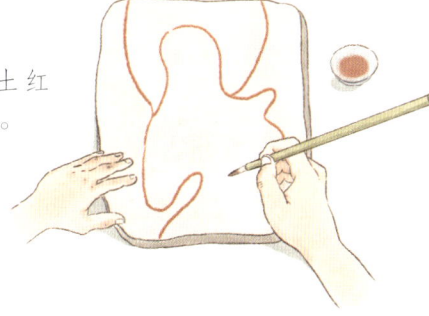

1. 起稿。用土红色颜料勾勒出人物。

2. 勾线。用深墨线勾出外部轮廓以定型。

3. 上色。用凹凸法给人物上色。用浅肉色敷染肌肤,再用层层加深的肉红色叠绘凹陷处,最后用白色涂抹高隆部位。

4. 褪色。时间久了,铅丹颜料氧化后逐渐变成褐色或黑色,只留下了表现高光的白色,"小字脸"就出现了。

颜料，从哪里来？

"画壁画的颜料是从哪里来的呢？"敦敦好奇地问道。"我来告诉你吧！"一个"小字脸"飞天来到敦敦面前说，"用于壁画绘制的颜料有很多不同的来源。有的是天然矿物颜料，比如红色的朱砂、蓝色的石青、白色的高岭土等，这些都是画匠从附近的山中开采出来的；还有一些是人工合成的颜料，比如金粉、银粉、铅丹和来自西域的胡粉。"飞天一边说，一边为敦敦展现出了一幅胡粉商人行走在丝绸之路上的画面。"除了铅丹容易氧化变色外，大多数颜料都能长期保持鲜艳的色彩。"飞天继续为敦敦介绍道。

壁画小知识　矿石怎么变颜料？

莫高窟壁画所使用的颜料大部分取自天然矿物。这些天然矿物的颜色种类虽然不多，但是通过搭配、调和就可以做到色彩百变。再加上画匠们的涂绘技巧，莫高窟壁画就呈现出了色彩斑斓的面貌。

颜料的制作过程

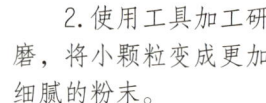

1. 砸碎矿石，使其变成小颗粒。

2. 使用工具加工研磨，将小颗粒变成更加细腻的粉末。

莫高窟对面的三危山中有土黄矿，河西地区自产的矿物颜料还有氯铜矿、红土、朱砂等，还有一些颜料是通过丝绸之路从中亚进口的，比如青金石。

3.将研磨后的粉末经过多次过滤，去除杂质。

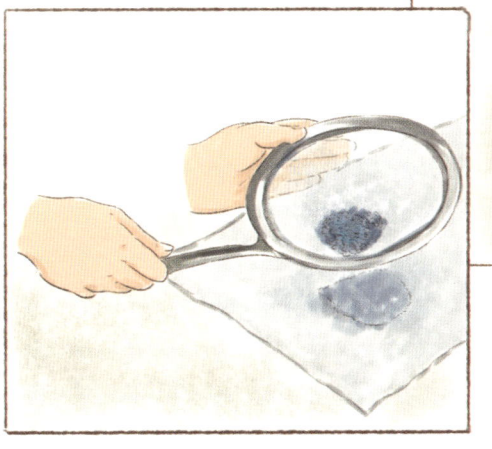

4.熬制明胶，再将明胶水与粉末细细混合，颜料就做成了。

冷知识 植物中也能提取颜料！

你知道吗？植物的根、茎、叶、花和果实中也可以提取出使织物或其他材料着色的有机物质，这些被称为"有机颜料"。河西走廊地区有一种特产——红花，别名蓝花、黄蓝，就是提取鲜红色胭脂的主要原料，可以用作化妆品和染料。在莫高窟的壁画上也使用了有机颜料呢！

13

莫57窟

像蛋糕裱花的沥粉堆金

"金粉……是金子磨成的粉吗?""对呀!我带你去看一顶漂亮的金冠!"敦敦跟着飞天来到一尊栩栩如生的菩萨像前。只见这位菩萨的头上戴着一顶金灿灿的宝冠,胸前也佩戴着层层璎珞。这些宝冠和璎珞却不像是画上去的,而是微微凸起,好像可以摘下来似的。飞天看出了敦敦的好奇,让他再凑近一些仔细观看。敦敦吃惊地说:"这好像生日蛋糕上的奶油裱花呀!""你的比喻真形象!这种宝冠和璎珞的制作方法叫作'沥粉堆金'。"飞天肯定了敦敦的说法。

壁画小知识 裱花一样的沥粉堆金

敦煌的壁画以色彩鲜艳见长,但有时候也会贴饰金色,为画作增色。沥粉堆金就是敦煌壁画中敷金技法的一种,一般用在人物的头冠、璎珞等处,可以体现立体感,使人像看起来更加华丽。

沥粉堆金的步骤

1. 将熟石膏和牛胶混合在一起,搅拌成粉泥。

2. 将粉泥放入防潮皮袋中,一端接一锥管。用的时候,将粉泥从管中挤到墙壁上,堆成图案,这称为"沥粉"。

3. 待粉泥干透,将稀释过的胶水涂在沥粉上,再小心翼翼地贴上金箔,金箔就会粘在凸起的粉泥上。这样沥粉堆金就完成了。

高高大大"大像窟"

敦敦和飞天正在交谈，只听嗖的一声，小兔子突然从他们身边跑了过去。"小兔子，等等我！"敦敦匆匆忙忙和飞天告别，追了过去。不一会儿，小兔子竟然跳到了一只巨大的脚上！敦敦抬着头，不断向后退，好不容易才看清了拥有这只大脚的佛像。"哇！好高的佛像啊！这是怎么做出来的呢？"敦敦自言自语道，他还未及细想，大佛脚上已经没有了小兔子的踪影。

塑像小知识 巨型佛像

莫高窟中除了壁画,还有许多塑像。10米以上的巨型佛像,被称为"大像"。工匠在开凿石窟时,会按大像的形态,直接在岩体上凿出石胎的形态,最后塑成像,表面用草泥、麻泥塑出细部形态,最后敷彩成像,因此这些大像被称为"石胎泥塑"。建于初唐的莫高窟第96窟,内有一尊高35.5米的大像,即北大像。初建时,窟外面的木构建筑只有4层,高45米,后人不断修建,最终建成9层,名为"九层楼",就是今天赫赫有名的。

彩塑，这样"塑"出来

"小朋友，这种气势宏伟的大像可都是用坚固的石头雕刻而成的。"一尊彩塑菩萨慢慢说道，"我们和这些大像可不一样。你想知道我们是怎么被制作出来的吗？""想知道，想知道！"听到彩塑菩萨的话，敦敦把寻找小兔子的事给抛在了脑后，兴奋得直跳。

彩塑菩萨让敦敦摸摸自己身上的材质，说："你摸摸看。我们的'骨头'是用木头做的，'肌肉'是用芨芨草或芦苇扎出来的，'皮肤'是用泥做的，最后画匠用颜料给我们穿上彩色的衣服。所以，我们被人们称为'彩塑'。"敦敦小心翼翼地摸了摸彩塑菩萨，默念着："木骨、草肌、泥身、彩衣……"敦敦记住后，赶紧询问彩塑菩萨："请问您见过一只小兔子吗？"彩塑菩萨爱莫能助地摇了摇头。

莫45窟

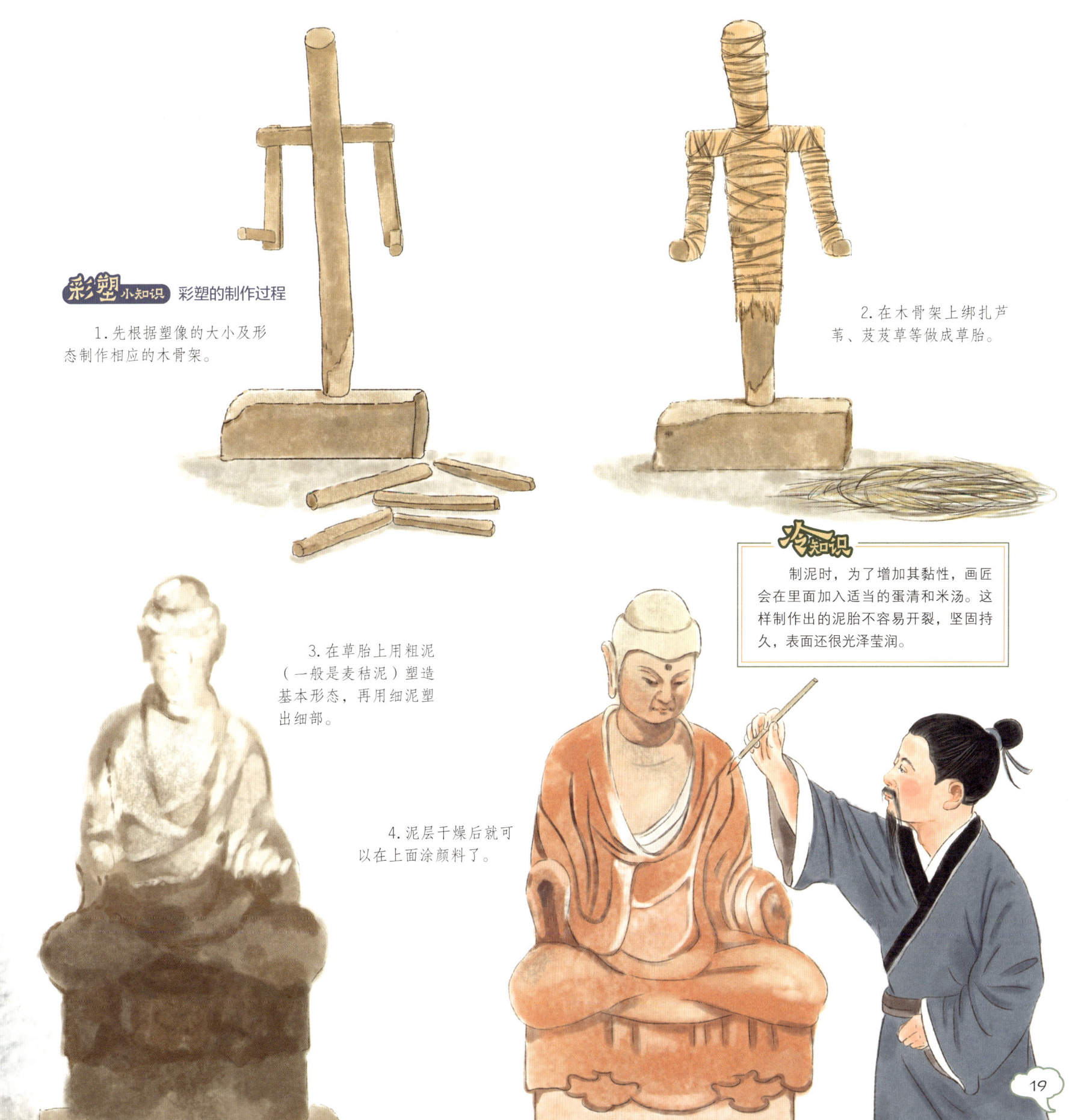

彩塑小知识 彩塑的制作过程

1. 先根据塑像的大小及形态制作相应的木骨架。

2. 在木骨架上绑扎芦苇、茇茇草等做成草胎。

3. 在草胎上用粗泥（一般是麦秸泥）塑造基本形态，再用细泥塑出细部。

4. 泥层干燥后就可以在上面涂颜料了。

冷知识

制泥时，为了增加其黏性，画匠会在里面加入适当的蛋清和米汤。这样制作出的泥胎不容易开裂，坚固持久，表面还很光泽莹润。

有意思的"人比山大"

告别彩塑菩萨后,敦敦继续往前走。前面出现了一排排奇怪的山峰,这些山峰都是小小的三角形,有红色的、蓝色的、黑褐色的……每一组山峰都像排队一样整整齐齐的。不远处还有人正骑着马,从好多座山峰上一跃而过。"这些都是山吗?它们真的太小了!"敦敦感叹道。

这些都是山吗?它们真的太小了!

莫428窟

  这幅有名的壁画叫作《九色鹿本生故事画》，现存于莫高窟第257窟。美丽的九色鹿从恒河中救起了一个溺水的人，溺水之人为了报答九色鹿的救命之恩，发誓不会向其他人泄露九色鹿的住处。当时这个国家的王后夜里做了一个梦，她梦见一头有着九种颜色的美丽的鹿。第二天，王后醒来，把梦境告诉了国王，并要求国王命人

去捕捉九色鹿，王后想用九色鹿的皮毛做衣服。国王非常宠爱王后，立刻下令向全国发布告示说，谁可以提供九色鹿的行踪，谁就能获得重赏。那个溺水之人看到这样丰厚的赏赐，见利忘义，立刻到宫廷里告密，并带着国王去捕捉九色鹿。当时，九色鹿正在山中休息，对这一切一无所知。九色鹿的好朋友乌鸦看到国王

冷知识 在古人的世界里,人比山大?

你知道吗?在早期的壁画里,画面上的人都比山峰还要高大。你看画面中有一个骑马的人一下子"飞跃"了五座山峰,这体现的是他日行千里的行进速度。同时,这样的山峰在壁画中有妙用!它不仅能起装饰作用,还能把不同的故事情节隔开,起到分割线的作用。

青绿山水画,好好看

按照九色鹿的示意,敦敦来到了一幅青绿色的山水壁画里。这里的山比之前的山峰高大许多。他看到山中有很多人,有的正在走路,有的正在骑马,他们悠闲地穿行在蜿蜒起伏的崇山峻岭之间。

"这画的一定是春天,山上一片绿油油的,像南方外婆家的风景。"敦敦看着眼前的景色说道。

莫217窟

的人马,对空长鸣,唤醒了九色鹿。面对国王,九色鹿毫无惧色,她向国王诉说了溺水之人忘恩负义的行为。国王听了深受感动,不但没有捕捉九色鹿,还下令全国禁止捕捉九色鹿。最后,那个溺水之人全身都生了疮,痛苦不堪,得到了应有的惩罚。

冷知识

这是一幅横卷式连环画，要从两头开始读，故事的结尾在画面的中央。按照下面的画面顺序，欣赏一下吧！

1. 溺人呼救；2. 鹿经过水边；3. 鹿救溺人；4. 溺人向鹿跪谢发誓；5. 鹿酣睡中；6. 王后说梦，国王悬赏；7. 溺人告密；8. 溺人做向导，国王乘马车捕鹿；9. 九色鹿直立，向国王控诉溺人。

神奇的九色鹿

突然间,四周光芒万丈,敦敦看见一头美丽的鹿从河水中救起了一个人。一转眼,鹿从光晕中走了出来,站在敦敦面前。"小朋友,你是谁?为什么在这里?"她问敦敦。是九色鹿!敦敦激动得差点儿忘了回答。"九色鹿,你好!我是敦敦,我在找一只小兔子。你看到它了吗?""你沿着这条路走,也许可以找到它。"九色鹿昂首示意。"谢谢你!"敦敦恋恋不舍地告别了九色鹿。他好想停下来继续看看九色鹿的故事画呀。

"你观察得真仔细。这幅青绿色的山水画非常珍贵,它就是大名鼎鼎的'青绿山水画'代表作之一。"画中一个走在山脚下的人告诉敦敦。敦敦还想再问,可是一转眼那个人已经走远了。

 漂亮的青绿山水画

唐代出现了一种风靡全国的绘画风格——青绿山水画。遗憾的是,唐代画家的青绿山水画作并没有流传下来,但莫高窟第217窟的壁画为我们展示出了唐代青绿山水画的风貌。青绿山水画的画风是唐代李思训父子在前人的基础上创作而来的。以线勾勒、层次丰富、色彩绚烂是青绿山水画的特点。青绿山水画中的青绿色历经千年不褪的秘密在于,它使用的是不易褪色的矿物颜料——石青、石绿。

飞天，飞天！

敦敦徜徉在青绿山水画中，却又不敢停留太久，他还得继续去找小兔子，想办法回家呢。瞧，小兔子在那儿！它跑到了一位正凭栏向下张望的菩萨的怀里。在菩萨的头顶上，许多飞天正在空中翩翩起舞。"好漂亮啊！"敦敦感叹道。飞天飘逸的衣裙随风飞舞，手中的花朵纷纷撒下，真是好看。"飞天姐姐！不对，也许是飞天哥哥，你们好！"敦敦不知道该怎么打招呼。"小朋友，飞天是没有性别的。"那位菩萨一边放开了小兔子，一边笑着对敦敦说。

壁画小知识 飞天是什么？

佛经中的天人，在绘画、雕刻中往往以向天空飘飞的姿态出现，因此被称为"飞天"。飞天形象源于印度，并随佛教传到了中国。敦煌壁画中的飞天姿态优美，神情闲适，备受人们喜爱。敦煌石窟中的飞天有6000多身呢！

莫321窟

好玩儿的"三兔共耳"

敦敦赶紧去追小兔子。不好,小兔子竟然像飞天一样"飞"进了一顶藻井里。敦敦三步并作两步跟了过去。"等等我呀,小兔子!"在一群飞天的簇拥下,敦敦感觉自己也"飞"了起来,一圈、两圈……藻井上的莲花似乎也转了起来。转着,转着,敦敦的周围又发生了神奇的变化……

壁画小知识 什么是藻井?

中国古代建筑大多为木质结构,人们会在屋顶中间部分绘制荷花、莲花、水藻等水生植物的图案,希望能借以避免火灾,护佑建筑物的安全,所以这个部分被称为藻井。在敦煌石窟中,共有藻井300多顶。莫高窟第407窟建于隋代,藻井中间画有3只小兔子绕圈奔跑,并由3只耳朵连接在一起,看起来每只兔子都有两只耳朵,构思巧妙,活跃了洞窟中的气氛。

莫407窟

一转眼,敦敦又站在了洞窟里。爸爸妈妈和其他游客依然站在那面壁画前,似乎什么都没有发生过。只听讲解员继续说着:"现在大家看到的,就是第407窟里非常著名的三兔莲花藻井……"敦敦抬起头,看到藻井里有3只小兔子,其中的一只好像顽皮地冲他眨了一下眼睛。

乐队，乐队，奏起来！

在敦煌莫高窟的壁画中，有各种类型的乐器44种4500余件，它们组成了大大小小约500组"乐队"，正演奏着一首首悦耳动听的乐曲。侧耳聆听，凝神细看，似乎可以感受到，无论是异邦曲调，还是传统民乐，都是从这些美妙的乐器中流淌出来的。

我们在敦煌壁画中看到的乐器，有些今天也依然在使用，比如琵琶、横笛、竖笛、腰鼓、筝等；也有一些随着时间的流逝，我们已经很难"见"到它们的身影了，如方响、凤笛、五弦琵琶、花边阮等。

（榆15窟）

（莫288窟）

不鼓自鸣的乐器

在敦煌壁画中，有各种缠绕着彩带、凌空飞舞的乐器，用来表示这些乐器无须人演奏，自己就会发出美妙的声音。敦煌壁画上不鼓自鸣的乐器，最早出现在莫高窟隋代第62、379窟。
（莫172窟）

持乐器的乐伎

　　乐伎是指表演乐舞百戏的人（伎乐则指表演的节目内容）。在敦煌壁画中，有许多伎乐天或伎乐人，就是演奏乐器的飞天或人物。他们手持各种各样的乐器，身体自然地摆动，可以想象得出他们演奏的乐曲有多么动听。

（莫428窟）

壁画上的拨浪鼓

　　鼗（táo）鼓，就是今天我们熟悉的拨浪鼓。最早的时候，它们可是一种打击类乐器。敦煌壁画中有很多拨浪鼓，仅从北周到西夏的洞窟中就有42个绘有共60多只拨浪鼓，它们大都出现在大型乐队中。这些拨浪鼓多是二三枚小鼓交错重叠，一摇动它们就会发出清脆的声音。

（莫45窟）

壁画中的乐队

　　在敦煌壁画中，仅莫高窟就有大小类型不同的乐队约500组。这些乐队或是在进行器乐表演，或是在为歌唱者、舞蹈者伴奏。有趣的是，你会发现壁画中乐队乐器的配置、队形，都没有固定的样式，那是因为画工在构图时，会根据洞窟中不同的位置、窟壁的大小、不同的题材来安排不同形式的乐队。

（莫220窟）